Vente du Samedi 3 Février 1866

CABINET DE M. *** *[de Zincourt]*

TABATIÈRES

ET

BONBONNIÈRES

DES ÉPOQUES LOUIS XV ET LOUIS XVI

EXPOSITION PUBLIQUE :

Le Vendredi 2 Février 1866

Mᵉ Ch. PILLET, Commissaire-Priseur

MM. MANNHEIM, Experts

PARIS. — IMPRIMERIE PILLET FILS AINÉ

5, RUE DES GRANDS-AUGUSTINS

CATALOGUE

D'UNE JOLIE COLLECTION

de

TABATIÈRES

et

BONBONNIÈRES

DES ÉPOQUES LOUIS XV ET LOUIS XVI

En or ciselé et émaillé, en matières précieuses, etc.

Joli Souvenir en vernis de Martin ;
Etuis, Couteaux, Bagues, Montres, Eventails et Bijoux divers du temps de Louis XV
et de Louis XVI ;
Coupes en agate orientale, Cassolette en jade blanc ;
Belles miniatures, Livre d'heures, Manuscrit du xve siècle,
orné de très-belles miniatures ;
Sculptures, Porcelaines de Sèvres et de Chine, belle Robe chinoise

Provenant du Cabinet de M. ***

DONT LA VENTE AUX ENCHÈRES PUBLIQUES AURA LIEU

HOTEL DROUOT, SALLE N° 5

Le Samedi 3 Février 1866

A UNE HEURE ET DEMIE

Par le ministère de Me **CHARLES PILLET**, Commissaire-Priseur,
rue de Choiseul, 11,

Assisté de MM. **MANNHEIM**, Experts, rue de la Paix, 10,

Chez lesquels se distribue le présent Catalogue.

EXPOSITION PUBLIQUE

Le Vendredi 2 Février 1866, de une heure à cinq heures.

CONDITIONS DE LA VENTE

Elle sera faite au comptant.

Les adjudicataires payeront *cinq pour cent* en sus des enchères.

L'exposition mettant le public à même de se rendre compte de l'état des objets, il ne sera admis aucune réclamation une fois l'adjudication prononcée.

Paris. — Imp. PILLET fils aîné, rue des Grands-Augustins, 5

DÉSIGNATION

DES OBJETS

Tabatières et Bonbonnières

1 — Belle Boîte, modèle baignoire, en or émaillé en plein à médaillons jeux d'enfants, peints en camaïeu rouge sur fond gris, signés Chudi. Le fond d'or est enrichi de fleurs gravées avec bordures guillochées. Epoque Louis XV.

2 — Jolie boîte de forme carrée en or guilloché et émaillé rouge, avec grecque formant bordure et réservée en or. Le couvercle est enrichi d'une jolie grisaille peinte sur émail, représentant Vénus et l'Amour, avec encadrement en or ciselé à feuilles de laurier. Epoque Louis XVI.

3 — Jolie boîte de forme ovale, émaillée vert sur fond guilloché et montée à cage en or finement ciselé à feuilles de laurier et ornements. Le couvercle offre un médaillon ovale peint en grisaille représentant Vénus, Adonis et l'Amour, et monté dans un cadre en or à pois d'émail blanc. Epoque Louis XVI.

4 — Belle boîte ovale en or champlevé à ornements, trophées et fleurs, et émaillé rouge orangé. Sur le couvercle, dans un médaillon ovale, se trouve un groupe de personnages en or de couleur, ciselé en relief et rapporté sur le fond d'émail rouge. Au pourtour se trouvent des groupes de fleurs ciselées en relief, et au fond, un chiffre réservé en or et composé de quatre C enlacés. Cette boîte a appartenu, dit-on, au duc de Choiseul. Epoque Louis XV.

5 — Boîte, modèle baignoire, en or guilloché et émaillé, fond jaune orangé décoré d'arbustes peints en camaïeu brun. Elle est enrichie de bordures à pois émaillés vert et rouge. Epoque Louis XVI.

6 — Jolie boîte de forme ovale en or émaillé gros bleu avec étoiles et quadrilles d'or, et à bordures finement ciselées à fleurs et feuillages émaillés vert. Le couvercle est enrichi de cinquante-trois roses de Hollande placées aux angles des quadrilles et sur la bordure. Epoque Louis XVI.

7 — Jolie boîte, modèle baignoire, en or guilloché à pois et à bordures et pilastres, finement ciselés à feuillages en relief émaillés vert et à pois d'émail blanc. Époque Louis XVI.

8 — Belle boîte du temps de Louis XV, de forme contournée, en lapis-lazuli de très-belle nuance ; le fond taillé à cuvette et le couvercle à moulure gravée. Le pourtour est en or gravé à quadrilles, et la monture à charnière, également en or à moulure guillochée, est signée *Duflos Adres*. Elle provient de la collection Soret.

9 — Jolie boîte de forme contournée en agate orientale, taillée à cuvette, montée à gorge à charnière en or, finement ciselé à ornements, fleurs et animaux. Le bec est enrichi d'un rubis et de quatorze brillants. Époque Louis XIV.

10 — Jolie boîte du temps de Louis XV, de forme contournée, en jaspe fleuri, à deux compartiments, montée à cage en or, à ornements ciselés et portant comme fermoir des deux parties une guirlande de fleurs composée de onze brillants, douze émeraudes et huit rubis. Collection Demidoff.

11 — Bonbonnière de forme ovale, en cristal de roche uni, taillée à cuvette et montée à gorge à charnière en or ciselé à feuilles d'eau. Époque Louis XVI.

12 — Boîte de forme carré-long à angles arrondis, en topaze, taillée à cuvette et à degrés. Elle est montée à gorge à charnière en or ciselé à rinceaux et coquilles. Collection Rhoné.

13 — Boîte à mouches de forme carrée à angles arrondis, en écaille, à fleurs en or de couleur incrustées et montée à cage en or gravé à ornements. Époque Louis XV.

14 — Boîte de forme ronde festonnée en écaille, enrichie d'incrustations en burgau à fleurs et animaux, et ornée de rinceaux, coquilles et ornements en or appliqués en relief. Le pourtour présente des animaux et des ornements en or gravé incrustés. Époque Louis XV.

15 — Jolie boîte de forme ovale ballonnée, en cristal de roche taillé à losanges, et montée à gorge à charnière en or guilloché. Époque Louis XV.

16 — Petite boîte de forme carrée, en laque usée du Japon, doublée en or et montée à cage en or gravé à ornements. Époque Louis XV.

17 — Bonbonnière ronde en écaille de l'Inde, montée à gorge et galonnée en or ciselé à rosaces et feuillages. Epoque Louis XV.

18 — Boîte carrée et plate en écaille, à étoiles et ornements incrustés en or, et garnie de deux charnières en or. Epoque Louis XV.

19 — Boîte ronde en écaille, doublée et galonnée en or. Le couvercle est enrichi d'un dessin très-fin au crayon rouge, représentant au fond des jeux d'enfants et au premier plan l'Amour nu, debout, dans l'attitude de décocher une flèche.

20 — Grande tabatière en or, de forme carrée à coins arrondis, montée à cage à ornements ciselés. Elle est ornée de six panneaux repoussés et ciselés sur or, par Kirstein, de Strasbourg. Ceux du couvercle et du fond présentent des sujets de kermesses, d'après Teniers, et ceux du pourtour des rinceaux, des corbeilles de fruits, des animaux et des figures allégoriques. Vente Demidoff.

21 — Jolie boîte de forme ovale en or ciselé à ornements et à

médaillons jeux d'enfants et trophées, avec entourages
de guirlandes de. laurier en or de couleur. Epoque
Louis XV.

22 — Autre boîte de même forme en or de diverses couleurs
finement ciselé, à médaillons, sujets champêtres, guirlandes et ornements. Epoque Louis XV.

23 — Jolie boîte de forme carré-long, en or ciselé à ornements et feuillages, et à trophées d'armes et de musique
en relief en or de couleur finement ciselés et rapportés.
Epoque Louis XV.

24 — Boîte ovale du temps de Louis XVI, en or guilloché à
mille raies et pois, et à cordons ciselés à cordes. Le couvercle présente un médaillon offrant un sujet embléma-
tique ayant trait à la fidélité.

25 — Boîte de forme carré-long à angles coupés, en or guilloché et encadrements composés d'ornements et de guirlandes de fleurs ciselés. Epoque Louis XVI.

26 — Boîte ovale en or ciselé, enrichie de médaillons offrant
en relief des trophées d'instruments de musique et des
attributs champêtres. Epoque Louis XVI.

27 — Boîte de forme ovale en bronze du Tonkin, à fleurs
ciselées en relief et réservées en noir sur fond doré.

28 — Petite boîte ronde en cristal de roche, à taille diamantée.
Cette boîte n'est pas montée.

Bijoux

29 — Joli souvenir du temps de Louis XVI, en vernis de Martin, fond rouge guilloché, monté en or finement ciselé à rosaces, fleurs et attributs. Chacune de ses faces est ornée d'une miniature sur ivoire à sujets de personnages d'après Boucher, avec encadrements en or ciselé. L'un de ces médaillons est ouvrant et permet de cacher un portrait. Etui en galuchat.

30 — Etui Louis XVI, en or émaillé gros bleu à étoiles d'or, et enrichi de feuillages en relief émaillés vert.

31 — Couteau Louis XV, à lame d'or ; son manche en or ciselé, à ornements et à feuillages émaillés gros bleu, est enrichi de quatre petits médaillons ovales rapportés, représentant des bustes de femmes peints sur émail. Fourreau en galuchat garni en or.

32 — Couteau fermant, à lame d'or et à manche en nacre de perle monté en or à rosaces. Epoque Louis XVI.

33 — Cassolette en cristal de roche de forme octogone, taillée à cuvette, montée en or émaillé à ornements blancs, verts et noirs. xvi⁰ siècle.

34 — Très-jolie bague du temps de Louis XVI en or, enrichie de deux rangs de petits brillants et portant la devise : *Amour pour amour*, exécutée en petites roses et appliquée sur un fond de verre bleu.

35 — Belle sardoine orientale, gravée en intaille et présentant une figure d'Omphale portant la massue et la peau
du lion. Cette belle pierre de forme ovale et qui a été gravée au XVIe siècle, a été montée sous Louis XV en cachet
en or, à rinceaux découpés à jour, enrichis de diamants,
de rubis, d'émeraudes, etc.

36 — Petit cachet, tête de nègre en onix oriental monté en
or, avec collerette et plumet enrichis de diamants et de
rubis. Epoque Louis XV.

37 — Cachet tournant en or ciselé, orné d'une médaille mo-
derne en or.

38 — Camée sur onix oriental à deux couches, présentant
une tête de nègre sur fond blanc, et monté en bague en
or.

39 — Petite bague présentant une tête de mort en or émaillé
blanc avec yeux en diamant et monture en or émaillé
bleu, enrichie de deux brillants.

40 — Camée ovale du XVIe siècle. Tête de femme, profil à
droite, sur calcédoine à deux couches, montée en or, avec
entourage en brillants.

41 — Broche en forme de cygne, dont le corps est formé d'une
perle baroque et dont la monture en or est enrichie de
diamants-tables, rubis, émeraudes et autres pierres fines.

42 — Intaille sur cornaline : offrande à Priape ; montée en épingle en or.

43 — Sainte-Face en or émaillé blanc. Au revers se trouve la figure de la Vierge entourée de rayons. XVIe siécle.

44 — Deux boucles d'oreille anciennes formées de rinceaux et fleurettes enrichis de diamants et d'améthystes, montés en argent.

45 — Deux petites boucles d'oreille du temps de Louis XIII, en filigrane d'or, enrichies d'ornements émaillés noir et blanc.

46 — Cassolette Louis XV en forme d'œuf, en jaspe, montée en or repoussé à ornements de De Besches.

47 — Autre cassolette de même forme en agate blanche, montée en or.

48 — Encrier de poche en or, placé dans une boîte en ancien laque du Japon, à dessins d'or sur fond noir, et montée en or gravé. Epoque Louis XV.

49 — Grosse montre de voiture en argent repoussé ; sa cuvette présente un combat de cavalerie entouré de bustes et d'ornements découpés à jour. Cette pièce est à réveil et à répétition. Double boîte à gorge en argent et étui en maroquin. Epoque Louis XV.

50 — Montre Louis XVI en or, à double boîte en or émaillé
gros bleu à étoiles d'or et bordure à ornements gravés sur
fond bleu d'ampois. Le mouvement de cette montre, un
des premiers qui se soient faits à cylindre sous le règne de
Louis XVI, est à sonnerie en passant.

51 — Petite bague-montre en or, avec entourage en jargon.
Époque Louis XV.

52 — Étui-porte-crayon en agate, monté en or repoussé, à
ornements de Besches découpés à jour. Époque Louis XV.
Étui en peau de chagrin.

53 — Porte-plume et porte-crayon, en or guilloché, enrichi
d'ornements finement ciselés. Époque Louis XVI.

54 — Porte-crochet en or, à ornements émaillés bleu d'em-
pois. Époque Louis XVI.

55 — Jolie paire de ciseaux du temps de Louis XVI, en or
ciselé, à rosaces et ornements.

56 — Bracelet indien en filigrane d'or, enrichi de pierreries
et de portraits peints en miniature.

57 — Bourse à maillons en or, enrichie de pendeloques en
perles fines et à fermoir en or, à feuillages émaillés vert
et bouton en perle.

58 — Médaillon en filigrane d'argent, présentant à son centre une médaille en argent du pape Innocent XI.

59 — Trois petites bordures en or; l'une d'elles, du temps de Louis XIII, est composée d'ornements en filigrane d'or.

60 — Bel éventail du temps de Louis XV, dont la feuille présente un sujet allégorique ayant trait à l'amour, et dont la monture, en nacre de perle sculptée à figures et ornements, est rehaussée d'or et de couleurs.

61 — Petit flacon en cristal de roche, avec bouchon en or.

62 — Peinture. Chaîne de mariée, en argent.

63 — Cuiller, fourchette et couteau en argent doré, gravé à ornements et figures. La lame du couteau est en acier.

Matières précieuses

64 — Agate orientale. — Coupe en forme de fruit, dont les branchages et les feuilles lui tiennent lieu d'anse et de pied. Travail chinois.

65 — Agate orientale. — Petite coupe ronde, taillée à canaux creux.

66 — Agate orientale. — Petite coupe ronde, montée sur pié-
douche en or.

67 — Jade blanc. — Jolie cassolette de forme carré-long à
couvercle, enrichie d'ornements et d'arêtes sculptés en relief. Elle repose sur quatre pieds droits et a deux anses
découpées à jour, le tout pris dans la masse. Travail chinois. Pied en bois sculpté.

68 — Jade verdâtre. — Deux coupes en forme de fruit, à
branchages et fleurs sculptés en relief et découpés à jour.
Travail chinois.

69 — Jade verdâtre. — Petit groupe; personnage accroupi
près d'une biche. Travail chinois.

70 — Corail. — Couteau à papier à lame en argent et dont le
manche, en corail sculpté, représente un dauphin. Travail
du XVIe siècle.

71 — Ambre. — Pomme de canne, ornée de divinités mari-
nes sculptées en relief.

72 — Pierre de lard. — Gros cachet de forme carrée surmonté d'un groupe de deux chimères. Travail chinois.

Miniatures et Émaux

73 — Grande et belle miniature par Lawrence, les Amants
surpris. Bordure en bois sculpté et doré.

74 — Deux jolies miniatures dans la manière de Charlier,
Léda et Vénus couchées dans des paysages.

75 — Miniature ronde par Fragonard, le passage du gué.
Bordure en bronze doré. Cette miniature provient du
comte d'Artois.

76 — Grande et belle miniature carrée, signée de Turpin, 1792.
Diane au bain, surprise par Actéon. Elle est placée dans
une bordure du temps de Louis XIV, en bois sculpté et
doré.

77 — Joli médaillon rond en vernis de Martin, d'après
Greuze, la Marchande de fruits.

78 — Portrait de l'impératrice Elisabeth, peint sur émail.

79 — Gravure rehaussée. Portrait de madame la Dauphine
(Marie-Antoinette), dans un cadre carré à chevalet en
vermeil et surmonté d'un ruban.

Objets variés

80 — Très-joli petit manuscrit du xv° siècle. Livre d'heures, enrichi de dix-neuf grandes miniatures, d'un calendrier orné et de bordures à rinceaux finement peintes en couleurs et rehaussées d'or. Couverture en velours noir avec fermoirs en argent.

81 — Très-beau médaillon en nacre de perle, offrant en relief le buste de Louis XV, vu de profil. Il porte à l'exergue : AN LODOIX—AN MARS? Cette pièce est signée *L. Durand*, et a été exécutée pour être offerte au roi à l'occasion de la bataille de Fontenoy.

82 — Médaillon rond en ivoire offrant en bas-relief le buste de la grande Catherine de Russie.

83 — Boîte à échecs en os sculpté, de forme rectangulaire; le couvercle, divisé en six compartiments, représente la danse des fous, parmi lesquels on distingue une femme et cinq hommes dans des attitudes grotesques. Les côtés sont ornés de sujets analogues; le dessous forme l'échiquier. Ouvrage du xv° siècle.

84 — Figurine en ivoire sculpté : Vénus sortant du bain. Sur fut de colonne en ivoire,

85 — Animal fantastique en ivoire sculpté formant amorçoir. xvie siècle.

86 — Trois petits groupes japonais en ivoire sculpté, représentant des jeux d'enfants.

87 -- Coupe en corne sulptée, à fleurs et branchages. Travail chinois.

88 — Étui de mathématiques de forme cylindrique en galuchat. Les instruments sont en argent.

89 — Demi-aune en ivoire, garnie en argent. Elle porte l'inscription suivante : *Cannivet, A la sphère, à Paris*, 1763. Dans un étui en galuchat. Cette pièce, qui provient de la vente Ducreux, a appartenu au roi Louis XVI.

90 — Boîte à parfums en maroquin rouge, à ornements dorés. Elle contient six flacons garnis en argent et divers ustensiles de même métal. Cette pièce, qui provient aussi de la vente Ducreux, passait pour avoir appartenu à la reine Marie-Antoinette.

91 — Médaillon en écaille dorée, représentant la place Louis XV. Bordure en bois noir à moulures.

92 — Petite boîte en forme de feuille d'éventail, en écaille laquée or. Travail japonais.

93 — Deux couteaux à lames en damas et poignées en argent
repoussé à ornements. Travail oriental.

94 — Tasse ayant la forme et la couleur d'un sein de femme,
reposant sur un support à trépied et têtes de bouc; le tout
en ancienne porcelaine de Sèvres, pâte tendre. Cette
pièce est une de celles qui étaient à la laiterie de Trianon.

95 — Deux moutardiers et leurs plateaux en ancienne porcelaine de Sèvres, pâte tendre, à décor dit feuille de choux.

96 — Huit assiettes festonnées en ancienne porcelaine de Sèvres, pâte tendre, à bouquets de fleurs et ornements en
relief décorés en bleu.

97 — Plateau de forme contournée, en ancienne porcelaine
de Sèvres, pâte tendre, à décor de fleurs et filets bleus.

98 — Bourdaloue en porcelaine de Sèvres, pâte tendre, à
bordure bleu turquoise, festons de fleurs et rehauts d'or.

99 — Deux assiettes en porcelaine de la Chine dite coquille
d'œuf, à décor de personnages, sujets de pêche, finement
émaillés. L'extérieur est émaillé carmin.

100 — Plat à barbe en porcelaine de Chine, présentant au
centre un médaillon de personnages, et décoré au bord de
guirlandes de fleurs peintes en couleur et rehaussées
d'or.

101 — Très-belle robe chinoise en soie, fond jaune orangé,
richement brodée à dragons à cinq griffes se jouant dans
les flots, à fleurs et ornements en or fin et soies de couleurs.

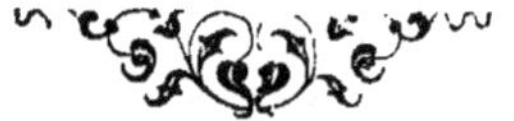